접속

빛나는 시 100인선 · 071

접속

양희진 시집

인간과문학사

• **시인의 말**

  언제부터였는지 계속 목이 말랐다
  분주히 무언가를 하고 있었는데도 늘 채워지지 않는 허기
  초등학교 5학년 때부터의 꿈이었다.

  껍질을 까고 나온 애벌레
  눈부시게 아름다운 나비가 되려 오래오래 실을 잣는 일을 해야 할 것이다
  고개 숙여 물기 묻은 잎들을 돌아다봐야 할 것이다
  막혀 있는 당신과 오래오래 접속해야 할 것이다

  그해 겨울은 특별했노라 기억될 것이다
  오래오래 낡아갈수록 아름다워질 일이라고.

2017년 12월 겨울에
양희진

접속

차례

시인의 말

1부 한사코

끝내,	12
다행히	14
덫에	15
딱 사흘만	17
매일 이별	18
미명	19
산발적으로 혹은 다발적으로	20
아직은 거리로 나설 때가	22
아차	25
어느덧	27
잠시 들렸다,	29
장자 못	32
저물 무렵에	34
종이 울리지 않는다	35
찻잔	37
초저녁별이	38
한사코	39

파란 하늘에 초저녁별이   41
절정   42
접속   43

제2부 어떤 사랑

아마도, 어쩌면   46
한낮의 꿈   48
게이샤의 추억, 교토에서   50
그날 이후   52
너는, 거기 있었다   54
너를 훔친다   56
다래   58
단풍잎   59
달이 기다리는 저녁   60
물길   61
바다에 가서 바다를 그리워하다   63
사랑 1   64
사랑 2   65
애꿎은 사랑   66
애인   68
애인의 온도   69
어떤 부부   71
어떤 사랑   72
엄마의 긴 꿈   74
여덟 번의 이별, 또는 시작   75

정리　76
허거虛去하기　77
혼자 사는 연습　79

제3부 안녕, 구원

7월, 한낮의 가리산　82
마음의 청소　84
다낭 아침의 빗소리　86
더 슬프다는 걸　88
돌고래를 만나고 싶다　90
모자를 쓰면 들리지 않는다　92
백담사에 두고 온 가을　94
본 적 없는 하늘　96
열정　98
오늘은 사막　100
오키나와를 간다지요　101
자작나무 숲에 가면　103
태능 가는 길　105
파도가 일어선다　107
홍래 누나　108
흰 눈이 흰 눈을 덮어　110
그 해는 혼자 떠났네　112
달빛 아래 툭 터져　114
예봉산에서　116
안녕, 구원　118

● 양희진의 시세계
사랑의 현상학에서의 자유 의지
| 유한근(문학평론가·전 SCAU대 교수)   121

1부

한사코

끝내,

견딜 수 있는 가벼움을 내려놓고 싶었을 때
프라하에 갔네
도나우강의 푸른 물결 속에 잠긴 도시는
그림같이 남루한데
굳게 다문 맹세는, 거기 없었네

프라하 성에서는 금발의 젊은 여자가
긴 입맞춤을 하고
햇살에 반짝였네
나는 홀린 듯 그녀를 따라
성비트 성당으로 가 보았지만
빛바랜 낙서도, 거기 없었네

천문시계탑 광장에는
6시 종을 울리는 12제자를 보러
구름 같은 사람들이 몰려들고
내 눈은 너를 찾아 헤매었지만

빛나던 맹세는 보이지 않고,
기타를 든 사람, 해골이 된 사람
항아리를 든 사람, 거울을 든 사람을 만났네
죽음 앞에서
아무 의미가 없다
끄덕이고 있었네

6시 종이 울리고
프라하역에서는 긴 정적을 울리며 기차가 떠나고
너는 점점 어두워져서
사람들이 빠져나간 텅 빈 광장에
서 있었네, 도나우 시커먼 강물 속으로

끝내, 기차는 떠나고

다행히

 어떤 사람은 우유부단이라고 하고 어떤 사람은 사려가 깊어서라고 한다 하지만 어떤 게 맞는지는 알 수 없다 그럴 때도 있고 아닐 때도 있고 뒤돌아 가야 할 때도 있다 가끔씩은 머뭇거리고 또 그만큼 무모해진다 이따금 우산을 가져갈까 말까 머뭇거리다 비를 맞기도 하고 하늘이 맑아져 우산이 짐이 되는 날들도 있다 그런 것이다 가만히 하루를 살아낸다는 것은, 그렇더라도 소나기를 피해 들어온 요양병원에 누워 매일 나만 기다리는 사람을 두고 여름휴가를 가야 하는 것인지 다른 가족을 위해서라고 부끄러운 변명을 에둘러 그 먼 이국의 아찔한 공기를 마시러 가야 하는 것인지 그 사람에게 또 나에게 다행한 일인지 나는 자꾸 머뭇거렸다. 긴 여정에 사박오일은 짧은 순간일까, 다행히

덫에

덫이다
덫에 걸렸다
갑자기 덮쳐 피할 길이 없다

언제나 나쁜 일은 불시에
공습경보도 없이
예고도 없이
덮친다

어떻게 빠져나가지
이건 음모다 반칙이다
몸부림쳐 보지만 그럴수록
더 깊숙이 수렁으로 빠져든다
처음부터 다시 저 맨 아래부터 천천히
다시

한 번도 본 적 없는 물빛 고운 하늘에
온통 내게로 쏟아지던 별들과
하얗게 허기지는 사막의 낙타와
초원을 달리는 칭기즈칸의 말들과
양들의 부드러운 털과 따뜻한 게르의 난로
이 푸르고 힘찬 영혼의 자유를
양털 구름에 포개지는 평화를
만날 수 있을까
다시

덫이다
덫에 걸렸다
집으로 가는 길이 너무 멀다

딱 사흘만

　사흘이 고비야 항상 너를 잊어 가는 시간 나를 잊게 만드는 시간 그 이상은 위험해 세상은 예측 불허거든 나는 너를 못 믿고 너도 나를 못 믿지 완전히 판이 바뀌지 딴 세상이 돼 버려 사흘이면 굶다가 죽을 수도 있는 시간이야 내가 살던 집도 내 집이 아닐 수도 있어 그런 생각을 하면 슬프지만 딱, 사흘 만이야 그리곤 돌아와야 해 너무 멀리 가진 마 내가 다른 사람이 되 있기 전에 내가 다른 사람한테 가기 전에 먼 여행은 무심히 날 버리는 거지 난 힘이 없어 줏대도 없어 잘 쓰러지지 갈대 같아 그렇다고 비난하지는 말아 줘 난 버틸 기운이 없어 딱, 사흘만 버틸 수 있지
　내가 쓰러지기 전에 돌아와 내가 이 세상에 버틸 수 있는 딱 사흘만 너를 볼 수 있는 시간

매일 이별

우리의 낮은 없다
한 발짝만 디디면 절벽 아래
낙하

한 발짝 나가면 암흑 햇살은 없다
매일 이별을 읊조린다
햇살 한 줌 움켜쥐지 못했으므로
낮을 삼킨다

오늘도 클로징 자막은 올라오지만
영사기 필름은 돌아가고
이별을 말하기엔 오월의
햇살은 쨍하게 맑다 파고든다
너는 여전히 어둠 건너편에서 바라본다

화면이 꺼지고
외로운 사람들은 모두 스크린 뒤에서 운다

미명

바람은 아직 자고 이파리 하나 없는
잿빛나무들은 다정하다
잠이 덜 깬 순한 하늘이 조금씩 세수를 하고

좀처럼 너는 오지 않는다

보이지 않는 너의 얼굴 나는 초조해 물기가 없다

이쯤이면 됐다 돌아서는데
발갛게 물들인 너의 뺨이 발길을 붙들고
돌아본 하늘에 아,

나는 너를 본다
내가 너를 바라본다

이윽고, 붉은 심장을 품는다

산발적으로 혹은 다발적으로

밤에 매미 소리 극성맞게 울어 대고
어느 사이 마당에 고추잠자리 맴 맴 돌면
그때 여름이 간다
긴 장마가 그치는가

2017.07 이공일칠공칠 칠칠맞게
그해 여름은 유난히 길고 지리멸렬했다

어쩌면 그리도 그악스럽게
어쩌면 그리도 포악하게 달라붙어
버석버석 마르게 하다
갑자기 퍼붓는 빗줄기 그렇게 지리한 장마가
산발적으로 혹은 다발적으로
내 삶을 이리저리 뛰었다
 일곱 살 적 방 하나에 모여 살던 곳곳에 양재기에 빗물 떨어지는 소리
 넘칠까 잠 못 이루던 젊은 엄마

어느 사이 모서리에 비가 새고
석 달째 누워 있는 엄마의 가랑이 사이로 빗물이 흐른다

사람이 밥을 먹어야 살지
플라스틱 줄로 무슨 밥이 되겠어
아,오,우, 말이 되지 못한 파편들은 밥 밥 밥
석 달째 밥을 먹지 못한 엄마의 입가로 빗물이 되어 흐른다
언제부터 밥이 샌 걸까

어느 경우에도, 비는 그쳐야 한다
어느 경우에도, 비는 그치고 매미가 울고 고추잠자리가 날아야
그때 가을이 온다

아직은 거리로 나설 때가

아직은 햇볕이 홍시처럼 붉어
아직은 거리로 나설 때가 아니다
더 어두워져야 나를 감추고
어두워져야 사람들 속으로 숨을 수 있다

오랜 시간 날아간 낯선 거리
여기저기 기웃거리던 발은 젖고
브루클린 이층집의 이불 속엔 온기가 없다
낯이 설은 말은 허공에 흩어지고
첫날부터 너에게 가고 싶어
나는,
안달을 한다

모마 미술관의 클림트의 '키스'는
반짝 햇살 샤워를 하고
황금빛 색채가 집인 듯 위로였다
온전하게 합일된 지상의 낙원

나는 너를 꿈꾸었던가?
입가에 영원할 것 같은 달콤함이 번지고

뉴욕은 춥고, 허기지고, 반기지 않는 낯설음에 길을 잃는다

허기진 시간들이 이 거리를 나뒹굴 때마다
너는 나에게 구부러진 여자의 다리처럼,
슬픈 시선을 요구하고
오늘도 그날처럼, 거리는 외롭다
나는 그만 뉴욕에서, 길을 잃는다

나는 어디에 있는가,

조금만 기다리자
사는 것, 사랑하는 일이 매 순간 기다려야 하는 것처럼
조금은 느긋하게, 가끔은 멋을 부려
기다려 주자

매번 알 수 없는 질문을 던지는 그 사람
매번 알 수 없는 일이 반복되는 것처럼
아직은 거리로 나설 때가 아니다

빅토리아 연꽃이 피기까지의 오랜 기다림
두려움으로 땅에 떨어져 버린 꽃잎들
아, 나의 어리석음은 언제나

그의 등 뒤에 있다.

아차

오늘도 실패다
담장 너머 문간은 오늘도 기척이 없다

벚나무는 가지가 잘려 온기가 없고
중국 단풍도 그 달콤한 색을 잊은 지 오래다

오늘도 헛걸음이다
나는 일부러 잔기침을 하고 목을 빼 안을 들여다본다

컴컴한 침묵,
나무 그늘에 가린 그 집 앞은 울지 않는 새처럼 말이 없다

화들짝 벚꽃이 피어나면
새들이 돌아와 지지배배 문을 두드리며 그 문을 열까

나는 노래하는 새들을 불러낼 수 있을까
내가 그 그늘을 걷어낼 수 있을까

알 수 없다

하얀 낮달이 그 집 지붕 위에 걸린다
생경스럽고 안쓰러운
아차,

오늘도 실패다

어느덧

가을은 도도한 고양이 발걸음처럼,
온다 살금살금
빠르지도 느리지도 않게 온다
소리 나지 않는 연기처럼

들판 가득 갈대가 흐느끼고
어느덧, 비처럼
낙엽이 떨어지면, 가을은
간다 잿빛 구름으로

너는 붉은 꽃잎 사이로 사라졌다가 불현듯,
나타난다
처음엔 하나였다가, 둘이었다가
사라진다 알 수 없는
압도적인 슬픔,
너의 얼굴은 언제나 불안하다

처음에 올 때의 그 수상함,
낯선 간지러움,
맨 처음 눈독 들일 때의 떨림으로
너는, 나에게
그렇게
온다
수상한 슬픔

잠시 들렀다,

금요일의 마법을 아는가
금요일이 되면 사람들은 이상한 약 기운에 빠져든다
누구는 시간을 되돌리러 나가고
누구는 종을 울리러 나간다
잠시 들러, 새로운 옷으로 갈아입고
서둘러 또 다른 세상으로

나는 잠시 바라보다
이내 적요 속으로 고개를 돌린다
공원을 걷고, 느리게 느리게 수풀 속을 기웃거린다
기다란 벤치에 커다란 개가 빗질을 하고 있다
늙은 수도사의 끝을 알 수 없는 눈빛이 잠시 와 나를 바라본다
커다란 개는 짖지 않는다
다만, 작은 것들이 달려들 뿐

누구는 도시의 때를 씻으러 산으로 가고
누구는 번잡함 속을 부유한다
너는 심연 속으로 침잠하고
또 다른 나는 침묵한다

금요일은,
이상한 힘이 있다
이전의 나와 앞으로의 나를 구분 짓는다.
애타도록 간절한 붉은 낙엽은 사라지고
나는 잠시 바라보다
느리지만,
짖지 않는 큰 개를 만나러 간다
다 안다는 듯 지긋이 바라보는 까만 눈— 융털처럼 보드라운
나는 이윽고,
안도한다

너에게 닿은 듯이

잠시 들렀다, 가는 바람처럼
잠시 들렀다, 가는 낙엽처럼
잠시 머물다, 가는 수도사의 눈처럼
오는 듯, 오지 않는 가을비처럼
너는
여전히, 강 건너에 있다

그렇더라도
나는 다시 살아 봐야겠다
잠시 들렀다 가는 게 어디 이쁜이던가,

장자 못

눈이다
세상이 흰 강아지털이다
억세지 않은 부드러운 달빛이다

무릎까지 올라오는 긴 털신을 신고
타박타박 동무를 데리고 길을 나선다
처음 보았던 설레임
그 간지러움이 손끝에 날린다

눈부신 하늘, 태초에 아무 일 없었던
무심한 흰 눈길 구르며 새치기하며 달린다
바람과 내기를 한다
이윽고 감미로운 땀이 머리를 흩뜨리고

혼미한 세상과 아무 상관없다는 듯 고요한 장자 못
하얗게 눈을 쓴 호수는 언제나 그 자리

너는 여전히 말이 없다

눈은 내려 하얗게 쌓이는데
소복소복 내려
이윽고 내 발을 덮고
내 말을 삼키고

세상이 하얗게 문을 닫는다

저물 무렵에

오물이 튀어 다시는
새 하얀으로 돌아갈 수 없을 때
그럴 때
아름다운 사람을 만나고 싶다

눈을 감고 귀를 닫아도
자꾸만 몹쓸 소리들 들려올 때
그럴 때
아름다운 사람을 만나고 싶다

내 적요가 구부러지고 휘어져
불온함으로 돌아올 때도
아름다운 사람을 만나고 싶다

나의 언어가 너의 심장에 닿질 않아
마른 꽃으로 쓰레기더미로 버려질 때
나는
아름다운 사람을 만나 펑 펑, 울고 싶다

종이 울리지 않는다

가을인데 금방 눈이 쏟아질 것처럼
쫓기는 하늘이었어
언제나 익숙한 네 눈빛처럼,
가을이면 상냥해야 되는 거 아니냐고
언제나 언짢은 나처럼 부다페스트 하늘은

무얼 기대하고 있었나 봐
언제나 꼭 그만큼 어두운 걸 보면
'아름답고 푸른 도나우' 강물은 거기 없더군
하늘만큼이나 흐릿한 잿빛 강물이 길게 놓여 있었어
부다페스트에서는 모든 게 그저 회색
이상하게 마음이 놓이더군 네 눈빛 때문이었을까

마챠시 성당은 아름다웠지만
종은 울리지 않았어
이제 더 이상 어디에서도 종은 울리지 않아
부다페스트에서도 이곳에서도

밖으로 나간 아이들이 집으로 돌아오는 시간인데
이제 더 이상 식탁에는 아무도 앉질 않아

밤이 깊을수록, 새벽빛이 빛난다고
미라이가 말하고 있었지만 그리 더디지 않았으면 좋겠어
아직 울리지 않는 종소리
이제 집으로 돌아갈 시간이야
언제나 이맘때쯤이면
약속은 없었지만
붉은 단풍이 치자 빛으로 울고 있는 이맘때쯤이면
돌아와 식탁에 불을 켜야지

듣고 있니, 속으로 울고 있는 종소리를

찻잔

 수상한 꿈이었다. 분명 내손엔 투박하고 정갈한 무엇이 들려 있어야 했는데 잠깐 방심하는 사이 사라졌다 감쪽같이. 내가 찾을 때 너는 반드시 있어야 했다. 그래야 허둥대지 않고 찾을 수가 있지 모든 것은 다 제자리가 있다. 자리를 벗어나면 반칙이다 탈이 생긴다 복잡하고 고단해진다 피해야 상책인데 살다 보면 모든 게 평화롭진 않다. 갑자기 훅 들어온다 준비가 안됐다고 아우성치지만 이미 늦었다 불행은 그렇게 훅, 햇살이 보기 좋게 잽을 날린다 넘어진다 넘어지면서 모든 게 흩어진다 파편이 튄다 엉망이다 커튼이 걷힌다 수상한 꿈이다. 나는 무엇을 잃어버린 거지

초저녁별이

완전히 어두워지기 전에 하늘은
새까만 밤이 오기 전에 하늘은
푸른빛으로 말을 한다 차도르를 한
이국의 신비로운 여인의 눈동자처럼
하늘 위에 푸른빛으로

그날
새까만 밤이 몰려오기 전
푸른 빛 샤워
쿵하고 떨어지던 별들
그날처럼 달과 별이 나란히
내 울안으로 들어와 소리를 낸다
영 밤이 올 것 같지 않은 푸른빛이었다고

그러나, 모퉁이를 돌아서자
이별이 먼저 와 있었다

한사코

바람이 등골 사이로 휙 지나는 아침
춥다 아직 눈은 내리지 않았는데
발이 시려운 거니
네 벗은 가시 발 흡사 지구 끝에 매달린

추운 날이 아니었잖아 그날은
얇은 이불로 앙상한 팔을 내보이며
분명 덥다고 입술을 달싹였는데
어떻게 한 방에 펭귄과 그루퍼가 같이 산다는 거니
너의 방향은 항상 물관과 체관이 교차하는 점
더 나아가질 못하는
물이 자라고 얼음이 어는

이해되지 않는 질문과 언제나 외로운 대답
너는 왜
말하지 않았을까
한사코 밀어내는 손 두려움에

하루하루 나무가 되어 간다고
한사코 떠다미는 허공에 매달려 고함치는 손

무거운 돌 속에 갇힌 네 발은 자유로울까
더 이상 시리지 않은 나무가 되어 버린
완벽한 네 귀퉁이로 꽁꽁 묶어 버려
이제 더 이상 외로움 따윈 없는
웃고 있는데 울고 있는
영정사진으로 남은 너

잘 지내고 있니?

파란 하늘에 초저녁별이

봄밤 말간 얼굴로 뜬 초승달
기역(ㄱ)은 간데없고 니은(ㄴ)처럼 웃고 있네

당돌한 계집애 미소만큼 어여뻐라
생각지도 않게 이른 봄밤에 나온 별(★)
헤실헤실 웃게 하네
달콤한 너인 듯 반가워라

꼭 약속을 해야 하나
이리 봄밤에 어질어질 만나지면 되는 걸
초저녁 일찍 뜬 별과 초승달로
너와나 어쩌다,
봄밤에 만나지면 되는 걸

절정

살아서 주목받지 못한 목숨이
죽고 나니 반짝인다

살아서 했던 말이
죽고 나니 비석이 된다

살아서 평범했던 일상들이
죽고 나니 절정의 순간이었다

누군들 비껴갈 수 있을까

아름다운 생을 살다간 마흔다섯의 아름다운 사내를
어처구니없이 보내고 나서야
아름다웠었노라 기억하는 이, 어리석음
부디 용서하기를

누군들 비껴갈 수 있을까

당신의 사인死因은

접속

똑 똑 당신을 부르는 소리
거리에서 골목에서 수없이 스치지만
온라인에서만 낯익은 타인
오프라인에서는 철저한 이방인
익명으로만 만나는 자유
늘 가지지 못하는 허기
그래서였을까 한밤중 25시에서 늘 배가 고픈 건

같은 시간 다른 장소에서 항상
같이 들었던 '벨벳언더그라운드' 사랑은 현실에선 늘 어긋나지
내가 사랑하는 사람은 성안에 갇혀 있어
화면에서만 위로가 되지

사는 건
살아낸다는 건 항상 용기가 필요해
화면으로만 바·라·보·다

화면 밖에서 당신을 만난다는 건
당신이 내게
보라색 칡꽃으로 온다는 건
당신의 생이 넝쿨째 뽑혀 뚜벅뚜벅 내게로 온다는 건

꽃이 오는 것
그 노래가 오는 것
하늘이 오고
한사람의 우주가 내 살 속으로 파고드는 것

더 이상 배고프지 않는 것

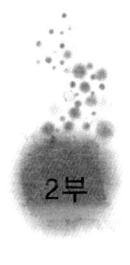

2부

어떤 사랑

아마도, 어쩌면

봄이 오면 그늘진 평상에 앉아 당신을 기다렸습니다
당신은 오지 않고 하얀 편지만 날리더군요
아뿔싸
그 대단한 사랑도 이리 짧았던가요

겨울이 오면
세상이 은빛으로 빛나는 설국에 가자 하더니
그 하얀 눈 햇살에 녹아내려 무덤이 되었네요
아뿔싸
그 뜨거운 사랑도 이리 허무했던가요

어제는 잣나무 숲 그늘 소소한 바람 불어와
휘 휘 휘파람 소리 다정하더니
오늘은 그 숲 가시덩굴로 무성하더이다
아뿔싸
그 아름다운 사랑도 찰나였던가요

어제는 신호등이 깜박거려
뛰지 않았더니 붉은빛으로 멈추라네요 건너편에
당신을 두고
아뿔싸
사랑은 이리도 부질없던가요

잘 있는지요
오늘도 당신의 안부를 묻습니다

한낮의 꿈
- 조신의 꿈

부처밖에는 보이지 않아야 하는 내 눈에 어쩌자고 고운 티 하나 들어와

부벼도 나가질 않고 불경을 외야 할 내 정수리에 집을 지어

같이 살게 해 달라 빌고 빌게 하였으니 세상에 이리도 황홀한 고통이 또 있단 말인가

사랑에 빠지는 마음마저 업이라 했던가 부처님이 가엾이 여겨 소원을 들어주니 그 처자 다른 혼처 자리 물리치고 같은 마음이었노라 달려와 내 품에 안기니

기적이로다 심장이 터져버릴 듯 황홀함의 극치로다

사랑하는 여자와 땅을 일구고 아이를 낳고 살기를 사십여년

사랑은 늙고 허물어지고 궁핍해지고 낡아가 결국은 너덜너덜 죽은 아이 시체와 쇠약한 육신만 남았더라 이 지독한 현실 그토록 절절했던 사랑과 이별을 하고

배고파 걷지도 못하는 아이를 업고 걷다 길거리에 쓰러지니 허망하여라 허망하여라

그때, 어디선가 일어나라는 소리 들려와 깨어 보니 법당이었다
한낮의 꿈
머리와 수염은 하얗게 세었는데
어쩌면 하룻밤 꿈을 꾼 것이었을까
삶은 어쩌면

게이샤의 추억, 교토에서

사쿠라가 핀다기에 천 리 길을 한달음
기다릴 줄 알았지만 너는 오지 않고

밤새 기다려도 뒤척이기만 할 뿐, 너는 보이지 않더군
간밤에 비가 내렸던가 겨울의 시샘은 추억을 붙들어

분홍 꽃잎 꼬옥 다물고
나를 애달프게 하네

어린 치요가 뛰어가던 도리이 터널은
세상의 모든 것을 가졌지만 사랑은 이룰 수 없는 게이샤의 운명처럼
수천 개의 붉은 기둥으로 물들고

인연을 만들어 준다는 노노미야 신사를 지나
푸른 대나무가 빼곡하게 솟아 하늘도 보이지 않는 치쿠린에서

릭샤를 타고 가는 추억의 붉은 뺨 얼핏 스친다

바람결에 댓잎 소리 들리던가
은은한 그 향기 따라갔지만
사랑은 이룰 수 없는 게이샤의 운명처럼 끝내,

너는 볼 수 없었다

그날 이후

갑자기 시계가 멈췄다
집으로 가는 버스도
모든 신호등이 적색, 움직이지 않는다
마치 흑백사진처럼, 일시 정지

그날 이후 그녀의 시간은
가지 않는다 흐르지 않는다
꼼짝없이 갇혀 과거가 되고
사람들은 그녀의 입 속에서 화석으로 굳어진다
모든 것이 암호, 해독할 수가 없다

그녀는 손가락을 세 개, 네 개 혹은 다섯 개로 말하지만
나는 알아들을 수 없는 답을 한다
눈빛만으론 단어를 찾을 수 없이 우리 사이의 거리는 멀다
그녀는 잃어버린 봄날을 찾아올 수 있을까

눈에 푸른 물이 들 듯 눈부신 초록이
보이지 않는다
휠체어에 앉았어도 보이지 않는다 꺾인 고개처럼
풍경이 찌그러져 들리지 않는다
달콤한 물이든 바람 소리도
내가 걸어 다녔던 거리는 어디로 갔을까

넘어진 의자는 더 이상 앉을 수가 없다

그날 이후

너는, 거기 있었다
― 영화 《늑대소년》을 보고

나는 너밖에 없고, 너도 나밖에 없었던
오직 한마음만 있던 곳
수천 번 강을 건너

영겁의 시간을 거스른 마음과,
쭈글해진 손으로 문을 연 순간
너는 그대로,
박제가 되어 부서졌다.

수천 번 펴 봤을 편지에는
한 세상을 오롯이, 한 사람만 기다린 사람의
정적과 고독이 있었다

기다려, 다시 올게

그 말을 붙들고,
수천 번 강을 건너온 사람이
거기,
있었다.

너를 훔친다

밤의 산책길은 자유롭다
하늘은 어둡고 사람들 얼굴은 흐릿하다
그러므로
마음 쓰지 않아도 되는 것

범죄는 밤에 일어난다
너를 훔치는 것

어느 날 우연히 부딪친다 해도
못 봤다 하면 그뿐
굳이 변명 따위는

한낮의 붉은 장미도 분홍 꽃잎도 노란 꽃술도
한 가지 색으로 흐릿하다
서로 잘났다 다툴 필요 없으므로
오늘도 하늘이 어두워지면 길을 나서리라

말없이 흐르는 냇물 소리 귀 기울여 듣고
어쩌다 나온 별들과 눈인사를 하고
가끔씩 비추는 초승달과
달빛 샤워를 하리라

한낮의 욕망이 산그늘 뒤로 숨어들고
나는 너를 본다
어둠 속에서

보고 있지 않아도 니가 보인다

다래

   그런대로 괜찮았다 바람이 선선한 어느 날 니가 찾아왔다 툭, 떨어진 너는 벌개미취에 숨은 낮별이었다 나는 혼자 허기졌다 낯선 것에 날이 서 있었다 너는 동글동글 까시러운 데가 없어 무장해제였다 한 번 준 마음 너는 나의 맨 처음과 맨 끝을 지켰다 세월이 가고 시간의 주름 주머니에 모래가 내려앉아 그 모양이 허물어진다 해도 너의 맨 처음 고백은, 아릿아릿 달콤했다.

단풍잎

야위어 가는 팔목에 모기 물린 자국
붉게 물들어 가고

저녁 잠잠한 어스름 연기 속에서
너와 나는 어쩌면
사랑, 이었을까

모기 물린 자국 까무룩 사라지고 나면
붉은 딱정이로 남는
사랑 이었을까

자고 나면 떨어지는 하얀 꽃잎처럼
무심한 사랑이었을까

한여름 빨갛게 타다가
저녁 서늘한 기운에 사라지고 마는
사랑이었을까

달이 기다리는 저녁

숲으로 들어간 당신이
돌아오지 않은 저녁
기다렸다 구름에 숨어

왜 그랬냐고 묻는 사람에겐 답이 없다
빛을 안다는 건 묻지 않아도 가슴에 무심히 스며드는 것
그냥 알아지는 것
무심히 스치는 계절 같은 것

구름 뒤에 숨은 당신을 기다리는 저녁
호수에 물그림자 길게 드러눕고
사각사각 빛이 차올라 가을 벌레가 우는 저녁
숲으로 들어간 당신이
아주 오랜 옛일이 되는 저녁
오늘도
당신을 기다리는 저녁

물길

강이 풀리고
호수가 풀리고
그 사이로 물길이 났다

겨우내 꽁꽁 얼었던 실타래가 풀리고
스르르 실이 굴러가 물길이 되고
어머니가 떠 준 스웨터처럼 감싸 주던 그 밤

그 깜깜한 밤에
달도 별도 없는 그 까마중 같은 밤에
주머니에서 만난 손은 따뜻했다
따뜻했으므로 미끄러운 눈길을 걷고
학교를 지나 담을 넘고 신작로 길로
집으로 가는 길은 멀었으나
그 밤은 어쩐 일인지 짧아져 있었다

우리는 말이 없었고
껴안은 두 손만 말이 많았다

무연히 밤길을 걷는 동안
켜켜이 쌓인 물길이 손가락 사이로 빠져나가고
찬 겨울바람이 털실처럼 풀 풀 풀리고
이윽고, 그 길은 따뜻한 봄길로 데워져 있었다

경련이었다

바다에 가서 바다를 그리워하다

 한 번도 본 적 없는 푸른색이었다. 거기에 커다랗고 동그란 노랑 바퀴라니 그 색감이 기가 막히게 선명하지 않은가. 그 푸른 바다 위에 노랑 자전거가 물살을 갈랐다. 차마 그 풍경에 섞이지 못한 나. 차마 그 푸른 바다 속으로 들어가지 못했다. 돌아오는 비행기는 시간이 없었고 그날이 마지막 날이었다. 바다는 나에게 알려주지 않았다 중요한 것은 이렇게 나중에 생각나는 거라고 후회로 남을 거라고. 그날 나는 두어 시간 비행기를 타고 날아간 남태평양 푸른 바다에 들어가지 못하고 내내 눈앞에서 그리워만 하다 돌아왔다. 25시였다 늘 이런 식이었다. 우리는 언제나 말을 삼켰고 짠물이 올라 바다에 들어가지 못한 내 혀가 골목을 헤맸다.

사랑 1

이제
여덟 번의 이별을 고하고
아홉 번의 이별을 시작할 시간

툭,
툭,

사랑 2

바람이 을씨년스럽게 종아리에 감기는 저녁
나는 또 끝내고야 말았다
바람 탓이었던가 이상한 기류
알 수 없는 언어로 목을 조를 때
나는 살기 위해 끝을, 말했다
이 지독한 절망, 이 지리멸렬함

나는 얼마나 견딜 수 있을까
알 수 없다
시간이 지나지 않았으므로
다만, 바람에라도 들키지 않기를
시간 속에 숨을 수밖에

애꿎은 사랑

잊고 산 세월이 얼만데
이제 시작이라는 육십의 나이에,
이승의 끈을 놓으려 하시나요
나를 찾다니요,
내가 보고 싶다니요

나를
당신이 죽기 전에 꼭, 보고 싶은 얼굴이었다니요
그렇군요
가끔 풍문을 듣기도 했지만
잊고 산 세월이 얼마였는데
벌써, 세상을 등지려 하다니요
죽음의 문 앞에서, 어린 날들

그때,
둘이 걷다 손바닥에 놓아준 눈송이
사르륵 사라져 버리고

이제는 다 잊었나 했는데
이제사 하늘을 바라볼 나이에

다 놓아두고
먼 길을 가려면서
새록,
내 기억을 가져가려 하십니까

애인

어쩌다 마주친 달이 너무 막막해 눈물이 날 때가 있지

어쩌다 그냥 하늘을 본 거라고
세상에 달이, 그토록 커다란 달이
내가 처음 보는
아무리 빨리 달려도
아무리 멀리 달아나도 계속 나를 보고 있다니

어쩌다 마주친 달이 하도 신기해 들여다보았네
흰 눈이 있고 당나귀가 있고 여인이 있었네
노란 불빛의 집이 있었네
들어오라 손짓을 했지만 나는 차마 들어갈 수가 없어

어쩌다 맞추진 달이 너무 밝아서 눈물이 났네

애인의 온도

가만히 저녁 그물에
달이 걸릴 무렵

달은 룩스 25도로 빛나고
너는 섭씨 38도로 뜨겁다

팔을 대보니 열이 펄펄
차가운 달빛의 칼날이 열기를 베어낸다
그러므로 36.5도
너는 뜨겁고 내 팔은 차갑다
너는 차갑고 내 팔은 뜨겁다

온도의 차이
우리는 겨울에만 다정하다

장마가 오락가락하는 사이 섭씨 34도
장마가 끝나면 매미가 울고, 고추잠자리가 날면

그때, 달의 온도는 26도
네 목소리가 다정할 때

네가 뜨거운지,
미지근해서 싫은지,
차가워서 웅크리는지
어쩌면 그때는,

어떤 부부

처음에는 어색했다
나란히 길을 걷는 것 둘이서 식당을 가는 것

그 사이 벚꽃 잎이 피고 지고 흩날리기를 몇 해
어느 날 분홍 꽃잎이 무릎 아래로 모여들었다
옅은 온기였다

그 사이 생채기에 새잎이 돋고 나무가 자라고
명자 꽃이 만발하더니
몹쓸 소리들 가라앉아 흙이 되고 그 자리에 새가 날아들었다

어느 봄날이던가
벚꽃 잎 수만큼 나무는 튼튼해져 갔다

봄이 가고 있었다

어떤 사랑

어렸을 때 엄마는 내 우주가 아니었다
난 다른 별을 꿈꾸었기에, 혼자였다
지독한 외로움으로 심장이 말랐다

그녀는 사랑을 주었다 말하지만
나는 받지 못했다 혼자 꽃을 키우다 보니 자라지 못했다
그러다 엄마가 됐다
자라지 못했으므로 꽃은 늘 시들했다
내 아이들도 다른 별을 꿈꾸었는가, 나와 똑같이
나는 결단을 내려야 했고
비로소 자라기 시작했다
그랬더니 엄마가 보였다
우리는 어린 쑥을 뜯으러 강변을 걷고
쑥버무리를 안치고 오래오래 얘기를 했다
꽃은 새잎이 돋더니 금방 다른 꽃을 피우기 시작했다
그러다 갑자기
툭, 꽃잎이 졌다

이 세상 살면서 제일로 행복하다던 순간이,
너무, 짧았다

이제 나는 어떤 꽃을 피워야 할까
소멸에 가까운 시간을 살아내면서
어른이 된다는 것
강하게 살아남아 찬란한 꽃을 피우는 것

시간이 돌고 돌아
이제 내가 엄마의 우주가 되었다

엄마의 긴 꿈

자꾸 손짓으로 말을 하지만
잠속에 잠긴 말들
무엇이 삼켜 버린 걸까
목구멍을 타고 오는 말들은 이제 언덕을 넘지 못해

서랍 속의 고운 잠옷은 다 어디 갔어
일어나 집에 가야지

어린 쑥이 올라오던 강변의 자작나무 숲

너무 긴 꿈을 꾸고 있어

일어나 집에 가야지

여덟 번의 이별, 또는 시작

사람들은 모른다
그도 모른다
완벽한 이해는 없고
적당한 타협만 있을 뿐

정리

하나를 버리니 딸려 오는 집착
통째로 버리자니 딸려 오는 연민

내 푸르른 날들의 이끼 혹은 먼지
이불 뒤집어쓰고 악쓰던 눈물

간다
출렁인다
가라앉는다

하나를 버리면
모호한 기호들

사랑한 기억은 짧다

끊
어
진
다

허거虛去하기

우리 헤어질 때는 허거虛去하기로 하자
그래야 이 빠진 바람도
어긋난 이해도
탁 탁 제자리로 맞춰지지

초저녁 혼자 뜬 별이 길을 잃어
먼 행성을 찾아갈 때도
그냥 안아 주기로 하자
또렷이 제 빛을 찾을 수 있도록

우리 어쩌다 가시가 박혀 돌아설 때도
허거虛去하기로 하자
무어 그리 애달파 불을 지피는가
이 미명의 나이에
소란 따윈 가슴으로 꾹꾹 눌러 한 세상으로 펴 버리자

사랑하는 사람아

우리 헤어질 때는 허거虛去하기로 하자
지나간 연민의 시간들이 애타지 않도록
꼭 꼭 심장을 파고드는 궁핍이 없을지라도
이만하면 찬란한 시간이었다
너무 일찍 지나쳐 버리지 않기를

우리 헤어질 때는 허거虛去하기로 하자

강이 풀리듯

혼자 사는 연습

저녁 6시
나와 연락하는 시간
동무들은 모두 집으로 가고
홀로 나를 만나러 간다

산그늘에 그림자도 숨고
정답던 오리들도 풀숲으로 들어가고
줄지어 선 전나무들도 두 팔을 접어 어둠 속으로 누이고
그네를 타던 아이 웃음소리도 집으로 들어간다

버스는 끝없이 사람들을 실어 나르고
이 세상 살아 있는 모든 것들은 집으로, 집으로
돌아가는데
나 홀로 마음 시릴까 두툼한 옷으로 감싸고
길을 나선다

해는 기울어 어둑한데

저 멀리 굴뚝의 밥 짓는 연기

아스라한 기억 속

눈이 까만 아홉 살 계집애

구수한 밥 냄새에 공깃돌 놓고 집으로 달려가던

3부

안녕, 구원

7월, 한낮의 가리산

뜨거운 태양 아래
모든 산 것들은 혀를 내민다

산도 푸른 줄기를 토해 내고
물도 굽이쳐 흐르는 소리가 의기소침하다
한낮의 뜨거운 정적
까악까악 소리만 살아 있음을 일깨우고

세상사 번잡함에 산은 말이 없다
물은 괜찮다 괜찮다 달래며 흐르고
하늘을 가린 한낮의 숲은
부끄러운 민낯을 가린다

이곳은 어디인가
이 깊은 심연, 낯선 정적

나는 어디에 있는가

깊은 산 솔 숲에서 문득
길을 잃어

와락,
달려가고 싶은데
너에게 가는 길은
좀처럼
보이지, 않는다

마음의 청소

중년의 여자가
동사무소 청소를 하다가
나를 부른다
우리 아이 친구 엄마다
순간, 내 눈길은 반대편 문을 향한다

아들 딸 모두 명문대를 나와
번듯한 직장도 가졌는데
"이런 일 그만해도 되잖아"
무심히 던진 말

"나, 살아야지……."

그 중년의 여자는
삶의 지나는 무엇을 청소하는 것일까
붉어진 마음 감추며
나는 무엇을 청소해야 하는 것인가

하찮은 오만함, 편견들이
바닥으로 흩어진다
청소 빗자루가 그녀에게 손주를 안겨 주듯
돌아서는 그녀의 얼굴이
밤하늘을 환—하게 밝히는
보름달로 떴다

다낭 아침의 빗소리

다낭은 우기라고 했다
이른 아침 낯선 시트 속에서 듣는 빗소리는
깊은 산사 처마 끝에서 떨어지는 낙수 물소리
시골 큰엄마 장독대에 떨어지는 물소리
내 마음속 낮게 울리는 종소리

메콩강물에 콩 콩 콩
떨어지는 가을
다낭은 가을이 시작되고
카바티나의 느린 기타곡이 울창한 수풀 속으로
노를 저어갈 때 영화의 한 컷처럼 잠깐
아득했다
전쟁은
빨간 노을 속에서 역사가 되고
오늘도 메콩강물에 콩 콩 콩
가을이 떨어진다

떠났다 돌아온다는 것
제자리가 남아 있다는 건 얼마나 눈물겨운 일인가

떨어진 가을이
몸을 뒤척인다

더 슬프다는 걸

울고 있는 아이가 있다
한동안 잊은 듯 있다가 불쑥 아이가 말을 건다

한참 웃고 있었는데
그건 가짜라고

옛날에 엄마가 깜깜해도 돌아오지 않을 때
아이는 무서움보다 기다림이 더 슬프다는 걸 알았다

열리지 않는 현관문 앞에서 하염없이 기다려 본 사람은 안다
마음에 구멍이 생겨 바람이 제멋대로 분다는 것을

그때부터였을까
누구에게도 열리지 않는 텅 빈 가슴으로

때론 팔목을 그을 만큼
솟구쳐 오르는 붉은 분노로 튄다는 것을

어른이 되었지만
그 아인 더 이상 자라지 않고

더 이상 웃지 않는
이상한 아이가

자꾸 가짜라고
울고 있다

돌고래를 만나고 싶다

어느 봄날
문득 네가 생각났다
잔인하다던 봄 대신 하롱하롱 내게 오던

꽃이 샘난 바람 때문인가 눈이 자꾸 시큰거려
세상이 흐릿했다 잘된 일이지
보고 싶지 않은 것들이 너무 많아
어떤 식으로든 벌을 받는 건

너와 나는 시작부터 엇갈렸던가
반목과 질시를 거듭하다 세상은 병든 닭들로 악취가 진동하고

그러다 너를
제주 푸른 앞바다에서 유유히 놀멍쉬멍
희롱하고 까부는 너를
자유로운 몸짓으로 세상을 조롱하듯 헤엄치는 너를

끝을 알 수 없는 바다를 품은 너를
파도의 맨 위와 바닥을 넘나드는 너를

나를 고요히 바라보는 너를
떠나보낸다

모자를 쓰면 들리지 않는다

비 오는 저녁
우산을 쓰고 장자 못을 걷는다

겨울의 연못은 후두둑 빗물을 받고
땅은 포슬포슬 습기에 젖어 말을 건다

아무도 없는 빈 벤치 의자
수풀 속으로 숨은 오리 떼
나는 불러낼 힘이 없다

할머니들은 우산도 없이 손주 얘기를 하고
어리고 약한 것들은 모두 길 위에 없다

이따금 지나가는 집이 없는 바람 소리
땅 위에 물 위에 풀잎에 소곤소곤 내려앉는 빗소리

모자를 쓰니 들리지 않는다
모자를 쓰면 아무것도 들리지 않는다

빗소리를 타고 오는 발자국 소리
저 먼 이국땅에서부터 깜깜해져 오는 빗소리

어느 마음 우물 속에 고이는 빗소리
들리지 않는다
암흑

백담사에 두고 온 가을

푸른 봉우리를 옆으로 뉘어
굽이굽이 흐르는 푸른 산 빛 물이여
당신에게 닿기도 전에 그만 순해진 마음
수심교 아래 허물어진 돌탑

보고 싶었다 말하기 전에
눈시울이 먼저 붉어져 가득 채워진 붉은 단풍
돌아서면 다시 야속해지는
이 간절함을

선도 선이 아니요, 사랑도 사랑이 아니라
당신을 만났으나 본 것이 아니요
그 얼굴과 눈빛 속에 담긴 말 또한 내 것이 아니라
보고 있는데 당신이 아니면
이 부질없음을

저물 무렵

설악의 한줄기 바람 휘 돌아

왕대나무 숲에 걸린 당신의 눈빛 고요하네요

본 적 없는 하늘

한 번도 본 적 없는 물빛 하늘이 있었다
새가 되고 나비가 되어
훨훨 흐르는 강물이 하늘에 있었다

나는 노새도 되고 말도 되었다가
들판을 구르기도 하고
강을 건너기도 했다가
신기하지
한 번도 본 적 없는 새파란 하늘이
내 속에 들어와

나는 물이 되었다
나는 산이 되고
나는 바다가 되고

이윽고, 한 송이 국화로 피었다

사람들은 묻지 않았으므로
내 웅크린 말들은 하늘에 닿질 못하고
먼지가 되어 내 발등을 덮고

한 점 티 없는 강물 속으로 뛰어올랐다

열정

더 이상 만나지 말자

철로는 만나서는 안 된다
영원한 평행, 그래야 평화다
같은 곳을 바라보고 달리는 기차는 목적지가 분명하다
언제나 명쾌한 해답, 불안 따윈 없다

때로 흔들릴 때도
때로 가라앉을 때도

때로 어두운 긴 굴을 지나고
때로 아슬한 절벽에 매달려도
우리는 묵묵히 평행, 달려야 한다

때로 상행선과 하행선이 교차되어 만나더라도
심장을 심지 말자

그러다 이 세상 어디쯤 잊혀진 간이역
뜨거운 난로 보리차 한 잔으로 만날 수 있는 날이 있지 않겠는가
이르쿠츠크 세상의 끝에서

오늘은 사막

화분도 숨을 멈추고
당신이 앉은 의자는 벌써부터 구겨지고 있었다

자리가 비었다
당신이 짐을 싸고 가방 너머로 사라진 후

그 자리는 눈을 감고 더 이상 뜨지 않는다
데칼코마니 습기

사진 속의 미소만 현실이 된다
정지된 채널은 아프리카

나는 느릿느릿 사막을 걷는다

쓸려 나간 것들은 침묵하고
오늘 아침 혼자된 것들은 모두 축축이 젖는다

오키나와를 간다지요

오키나와를 간다지요

아주 못 올 길도 아닌
사나흘 다녀올 길이건만
내 마음은
벌써부터 잔뜩, 찌푸린 하늘같고

사나흘이 너무
멀어 보이네요

당신이 오는 날,
내 뜨락에는 당신이 즐겨하시는
노란 생강나무 꽃이
안달하며,
피겠지요

꽃이 지기 전에
돌아오라고,
이 비가 그치기 전에,
내 노란 신발에 물기가 가시기 전에

돌아오라고,

자작나무 숲에 가면

숨을 쉬고 싶어
이 건조한 시련, 이 건조한 피로
목구멍을 타고 오는 위태로운 시간
목을 조여 오잖아 한 모금 신선한 물을 줘

태초부터 그렇게 생겨 먹은 걸
내 몸 어디에 불안이 자라고 있었을까
독기는 품지 마 네 탓은 아니니까
개미가 타고 오른다고 수작을 부리지만
어림없지 세상은 언제나 전쟁 중이야

자작나무 숲에 데려다 줘
숨을 쉬고 싶어
곡예사는 외줄에서 금방 떨어지고 이제 사람들은 속지 않아
이 건조한 피로에 불이 붙고 있어
너는 정말 몰라?

이제 촛불을 켜야지
한사코 밀어내는 너와 타협할 시간
탁자에 물을 가득 부어줘
철 철 넘쳐 내 몸을 적시고 숲을 적시고
그래야 희게 버석거리는 내 몸뚱이가 비석이 되지않지
한사코 밀어내는 너와
위태로운 피로
세상은 전쟁 중이야

광장에 낮게 울리는 싸이렌 소리
이제 돌아갈 시간이야
끝내
이 지나친 피로,

태능 가는 길

단풍이 봉숭아 손톱보다
빨갛게 이쁜 태능 가는 길
나는 말갛게 개인 눈으로
길옆의 단풍나무를, 은행나무를
본다

나무가 이토록 아름다운 줄
반평생 만에 깨달으면서

하나 둘 엉킨 실타래가 풀리듯
오십 년 동안 헝클어진 미움들이 풀린다

상쾌한 아침 공기
달콤쌉쌀한 커피향
사는 건 아름다운 거라고 속삭이는 나무들

나는 선생님을 만나기 전에
벌써 순해진 얼굴로
태능길을 달린다

착한 사람들을 만나러 간다
나도 모르게 치유되어진 나를 만나러

나는
태능을 간다

파도가 일어선다
- 겨울 대천해수욕장

세상의 모든 눈물과 슬픔을 삼킨 바다는
더 이상 담을 수 없을 때 높은 파도로 일어선다

그 바닷가에 선 사람은 모두 손을 잡는다
이상한 힘

갑자기 나타난 갈매기들이 떼 지어 하강을 하고
물고기를 삼킨다

갈매기들은 혼자인 적이 없다
언제나 무리 그래야 평화, 싸울 수 있다

내 방에 걸린 시간이 뭉툭하게 잘려 나가고

오늘따라 파도가 너무 높지도 낮지도 않게
발밑에서 일어서고 있다

홍래 누나
- 박용래 시인을 그리워하며

그곳에 금강포구가 있었다
황산메기 뛰어놀고
물방개 버들붕어 쏘가리가 떼 지어 다니던 황산대교
그 아래 탁류가 흐르고 이윽고 강이 되었던

오월의 강변은 타는 듯 뜨거웠지만 억새는 청색으로 싱그러웠다
옥녀봉으로 오르는 길은 잠시 어질했지만
수백 년 느티나무를 안자 이내 고요해졌다
바람이 말을 걸었다
하늘이 가까이 다가왔다
거기 홍래 누나가 있었다

강 건너 부여세도 홍래 누나가 시집갔던 곳
말없이 누나를 안았다
검정치마 흰저고리 옆가르마 그대로
젊어서 슬픈 누이

자줏빛 노을이 지면 구장터 서산집에서
그 누나 평생 그리워
탁배기에 울음을 쏟던 눈물의 시인
가을이 오는 길목 구절초 매디매디 새기고 새긴 사랑
평생 가슴에 눈물 자욱으로 남은 시인

나도 여기 강경, 그 옛날 옥녀봉에 올라
목 놓아 그 사랑 불러 본다

누이여 누이여
젊어서 슬픈 누이여

흰 눈이 흰 눈을 덮어
- 겨울 수락산

깨어 보니 세상이 온통 흰 눈으로 내려와 있어
그 희어서 슬픈 목화송이 만지러 길을 나섰다

흰 눈은 펄펄 날리고
검정고무신 한 켤레만 눈을 맞고 있다

흰 눈이 펄펄 날리는데
색이 바랜 주홍빛 이파리들이
하얗게 하얗게 이승과 저승을 넘어갔다

비닐을 들치고 들어간 나무 탁자에서
하얀 막걸리로 목을 축이고
나무 장작이 타는 그을음을 안주 삼아
취한 주전자가 쉭쉭 소리를 내고

오롯이 혼자 눈을 맞고 있는 산
눈으로 가득 안고 내려오니

길가에 그 검정고무신 하얗게
골목을 혼자 지키고 있었다

사람이 없는 수락산
흰 눈을 밟고 골목을 돌아 쉼터를 넘어
은류계곡으로 올라
흰 눈이 흰 눈을 덮는 수락산을
그때 처음 보았다

그해는 혼자 떠났네

터미널은 왁자했다
떠나는 사람과 떠나온 사람들이 엇갈리는 곳
마음 붙일 새 없이 제각기 보퉁이를 끌어안고
노란 의자에 잠시 앉았다 이내 버스를 타고 흩어진다

차창 밖으로 노란 은행잎들이 배웅을 한다
잘 다녀오라고
걱정 말라고
별일 없을 거라고 제각기 수상한 말들이 흩·어·진·다

혼자 가는 내 옆에 단풍 색으로 멋을 낸
엄마와 딸 두 장의 포개진 은행잎 같다
자꾸 눈이 간다 자꾸 시려 온다
점점 흐릿해진다
점점 흔들리는 노란 물빛

나는 왜 못했을까
후회는 항상 맨 뒤에서 운다
너무 늦어 버렸다

노란 현기증이 흩어진다

달빛 아래 툭 터져

어젠 없던 달빛 아래, 툭
봄밤 가득 향기 그윽하네

봄 수작에 발걸음 절로 따라가니
노란 생강나무 달빛 아래 툭,

노부부 나란히 줄지어 가네
팔자걸음 나란히 한 생애 줄지어 오네

달빛 아래선 모든 어린것들은 다정하네
하얀 매화, 노란 생강, 빨간 산당화, 산벚꽃, 백발 노부부까지도

줄지어 한 생애가 시작되고
줄지어 또 한 생애가 스러지네

달빛 아래 향기 툭 터져

시작되는 모든 것들과
스러지는 모든 것들이 봄밤 달빛 아래
피고 지네 피고 지네
일렁이네

예봉산에서

언제나 산 아래까지만 이었다
투박한 나무 탁자에서 감로주만 훔치다
햇살 좋은 가을날 홀리듯
산을 오른다
산은 한창 달아오르는 중이었다
단풍과 은행잎이 앞다퉈 그를 만나러 갔다

산에 제사를 지내는 산
그 신성함의 기운으로 예봉산은 찬란했다
너무 높아 다리를 부러뜨리지도
너무 낮아 굽히지 않아도 되는 적절함이 잘생긴 사내였다
산길은 평평했다가 적당히 좁아져 옷깃을 스치게 했다
나는 홀리듯
나무 계단을 올라 북한강과 남한강이 만나는 두물머리를
내려다보았다
정상이었다
산이 온통 내 것이 되는 순간

그 찰나 그 사내를 훔쳤다

사내를 훔치고 내려오는 길은 아찔했다
돌아보니 내가 오르던 산길은 없어지고
산이 저만큼 물러났다

안녕, 구원

프라하에서는 밤은 없고
프라하에서는 사랑도 영원할 것처럼 골몰했지
프라하에서는 사랑을 구걸하지 마

프라하에서는 그저 신파,

프라하에서는 영혼을 구하고
프라하에선 혁명을 말하지 마
프라하에서는 모두가 공모자

프라하에서는 음모가 자라고 형벌은 꿈꾸지 않아

프라하에서는 거지조차 다정하고
구원처럼 다가와도 결국은 피 흘리는
혁명

날쌔게 도망가는 수밖에
결국은 처절한 분노

저 구름 속을 유유히 희롱하는 달 속에
비친 반짝이는 날개
영혼을 잠식하는 악마의 거품

그저 애달파 할 수밖에
도망가다 붙잡히는 꿈
소스라쳐 달아나는 청춘

안녕, 프라하

■ 양희진의 시세계

사랑의 현상학에서의 자유 의지

유한근
(문학평론가 · 전 SCAU대 교수)

　양희진을 문단에 시인으로 추천하면서 나는 이렇게 말한 적이 있다. "양희진의 시는 감각적이다. 그 감각은 외로움과 그리움과 노마드적인 자유 의지와 죽음에 이르기까지 신선하다. 그 자유로움은 기존의 고착된 정신과 절서 그리고 진부함에 대한 도전에서 시작된다. 그리고 급기야는 시적 자아의 발화법까지도 자유롭다"(졸고 〈부사어 시의 가능성〉에서)고 추천사를 썼다. 이런 맥락에서 그의 시 영역이 어떻게 확대되고 깊어졌는가를 그의 첫 시집 《접속》을 통해 탐색하려 한다.
　표제시 〈접속〉에서 양희진은 시적 화두를 던지다. 자아와 타자의 소통의 기미幾微에 대한 인식과 불통에 대한 시인적 극복 세계를 제시하려 한다. 이런 시인의 의도는 '시인의 말'에서도 나타난다. "막혀 있는 당신과 오래오래 접속해야 할 것이"라고. "똑 똑 당신을 부르는 소리/ 거리에서 골목에서 수없이 스치지만/ 온라인에서만 낯익은 타인"이지만, "오프라인에서는 철저한 이방인"일 수밖에 없고, "익명으로만 만나는 자유"를 누리는 현대인들. 그래서 "늘 가지지 못하는 허기/ 그래서였을까 한밤중 25시에서 늘 배가 고"프다고 시적 화자인 시인은 느낀다. 그 허기는 절망과도 같은 것이다.

그래서 "같은 시간 다른 장소에서 항상/ 같이 들었던 '벨벳 언더그라운드' 사랑은 현실에선 늘 어긋나"고 "내가 사랑하는 사람은 성안에 갇혀 있어/ 화면에서만 위로가" 된다고만 느끼게 된다. 여기에서의 '사랑'은 인간과 인간과의 관계 양식의 표상적인 관계로 인식해도 좋을 것이다. 그래서 사랑으로 "사는 건/ 살아낸다는 건 항상 용기가 필요"하다고 노래한다.

> 사는 건
> 살아낸다는 건 항상 용기가 필요해
> 화면으로만 바·라·보·다
> 화면 밖에서 당신을 만난다는 건
> 당신이 내게

보라색 칡꽃으로 온다는 건
당신의 생이 넝쿨째 뽑혀 뚜벅뚜벅 내게로 온다는 건

꽃이 오는 것
그 노래가 오는 것
하늘이 오고
한사람의 우주가 내 살 속으로 파고드는 것

더 이상 배고프지 않는 것
  - 시 〈접속〉 중에서

  위의 시에서 사랑은 "당신이 내게/ 보라색 칡꽃으로" 다가올 때, "당신의 생이 넝쿨째 뽑혀 뚜벅뚜벅 내게로 온다"고 인식하는 것은 꽃 속에 노래가 있고, "하늘이 오고/ 한 사람의 우주가 내 살 속으로 파고"들 때라고 시적 화자는 인식한다. 그래서 "더 이상 배고프지 않"다고 노래한다. 접속의 의미는 소통이지만, 그 매체는 사랑이라는 존재물인 셈이다. 자연과의 소통은 존재물의 원초적인 본체와의 소통이다. 인위가 아닌 원초적 정서와 본체와의 접속을 통해 가능해지는 소통이다.
  노자의 《도덕경》 제8장 상선약수上善若水(최고의 선은 물과 같다) 장에서는 도道를 만물을 이롭게 하는 물로 설명한다. 물은 "낮은 곳에 머물고/ 마음은 고요하며/ 사귐에 어질고/

말이 듬직하고/ 올곧아 잘 다스리고/ 일을 잘 처리하고/ 때맞춰 움직인다 居善地 心善淵, 與善仁, 言善信, 正善治, 事善能, 動善時"다고 도와 같음을 이야기한다. 여기에서 도와 물을 사랑이라는 언어로 대입시킬 때, 자연물의 표상인 물이 곧 사랑의 속성임을 알게 된다.

1. 사랑의 생명성

그렇다면 양희진은 자신이 인식한 사랑의 색깔을 시에서는 어떻게 그리고 있을까? 양희진은 시 〈아마도, 어쩌면〉에서 "봄이 오면 그늘진 평상에 앉아 당신을 기다렸습니다/ 당신은 오지 않고 하얀 편지만 날리더군요/ 아뿔싸/ 그 대단한 사랑도 이리 짧았던가요"(1연)라고 노래한다. 그런 뒤 사계의 현상인 "겨울이 오면/ 세상이 은빛으로 빛나는 설국에 가자 하더니/ 그 하얀 눈 햇살에 녹아내려 무덤이 되었네요/ 아뿔싸/ 그 뜨거운 사랑도 이리 허무했던가요"(2연)라고 노래한다. 봄에 그토록 기다리던 당신의 "대단한 사랑"을 의심하다가 겨울에는 무덤이 되어 버리는, 사랑을 허무함으로 인식한다. 자연 현상을 통해서 아름다운 사랑도 찰나이며 부질없음을 인식하는 것이다. 이를 함유하고 있는 시어는 감탄사 "아뿔사"로 요약된다. 그러나 이 시의 시적 화자는 "잘 있는지" "오늘도 당신의 안부를 묻"(마지막 연)는다. 기다림으로 시작한 사랑이 의혹 또는 회의를 거쳐 사랑의 허무를 인식하지만 안부를 묻고 마는 사랑. 그 사랑은 단풍잎 같은 사랑일 수 있다.

> 야위어 가는 팔목에 모기 물린 자국
> 붉게 물들어 가고
>
> 저녁 잠잠한 어스름 연기 속에서
> 너와 나는 어쩌면
> 사랑, 이었을까
>
> 모기 물린 자국 까무룩 사라지고 나면
> 붉은 딱정이로 남는
> 사랑이었을까
>
> 자고 나면 떨어지는 하얀 꽃잎처럼
> 무심한 사랑이었을까
>
> 한여름 빨갛게 타다가
> 저녁 서늘한 기운에 사라지고 마는
> 사랑이었을까
>   - 시 〈단풍잎〉 전문

위의 시 〈단풍잎〉은 앞의 시 〈아마도, 어쩌면〉처럼 진지하지 않고 재미있다. 모기의 설정이 유화적이고 모기 물려 붉어진 자국을 단풍잎으로 비유하고 있는 것도 재미있지만 사랑에 대한 인식과정이 의도적이라 재미있다. 2연의 끝 행 "사랑, 이었을까", 3연의 끝 행 "사랑 이었을까" 4, 5연의 "사랑 이었을까"의 부호 사용과 의도적인 띄어쓰기도 범상하지 않다. 시에 있어서 문장부호나 맞춤법, 띄어쓰기는 시어와 다름이 없다. 시 〈접속〉의 시어 "바·라·보·다"의 어절 중간 가운뎃점이 시의 운율에서의 휴지(休止)를 통한 음성적 효과와 언어 트릭을 통해 아이러니 표현구조를 나타내는 것과 같다. 쉼표와 띄어쓰기를 차용한 "사랑, 이었을까"는 그것이 사랑이었는가를 의혹해 하는 의미를, 띄어쓰기만 차용한 "사랑 이었을까"는 모기 물린 붉은 자국이 딱정이로 남을 수도 있고 없을 수도 있는데, 그것을 사랑이라고 말할 수 있는가에 대한 여운을 남기는 효과를 나타낸다. 그리고 "사랑이었을까"는 사랑이라는 확신을 갖게 하는 표현 구조다. 무심한 사랑은 자고 나면 떨어지고 마는 하얀 꽃잎이며, 한 여름 열정적으로 빨갛게 타다가, 가을이 되어 저녁 서늘한 기운이 돌 때 사라지고 마는 것이 사랑이라는 인식이 그것이다.

　사랑을 모티프로 한 시 연작시 〈사랑 2〉에서 시인은 "바람이 을씨년스럽게 종아리에 감기는 저녁/ 나는 또 끝내 고야 말았다/ 바람 탓이었던가 이상한 기류/ 수 없는 언어로 목을 조를 때/ 나는 살기 위해 끝을, 말했다"고 쓰고 있는 것도 사랑의 허무를 말하고 있는 것으로 그것을 이 시에서는 "이 지독한 절망, 이 지리멸렬함"으로 인식한다. 그리고 그 사랑을 "나는 얼마나 견딜 수 있을까/ 알 수 없다/ 시간이 지나지 않았으므로/ 다만, 바람에라도 들키지 않기를/ 시간 속에 숨을 수밖에"(시 〈사랑 2〉 전문 인용) 없다고 노래한다.

그리고 시 〈애꿎은 사랑〉에서는 "이제는 다 잊었나 했는데/ 이제사 하늘을 바라볼 나이에// 다 놓아두고/ 먼 길을 가려면서/ 새록,/ 내 기억을 가져가려 하십니까"(시 〈애꿎은 사랑〉 끝 연)라고 죽음을 앞에 둔 사랑하는 이를 '애꿎은 사랑'으로 인식한다.

또한 "어렸을 때 엄마는 내 우주가 아니었다/ 난 다른 별을 꿈꾸었기에, 혼자였다/ 지독한 외로움으로 심장이 말랐다"로 첫 연을 시작한 〈어떤 사랑〉에서는 어머니로부터 받은 사랑과 시적 화자의 자식에 대한 "툭, 꽃잎이 졌다/ 이 세상 살면서 제일로 행복하다던 순간이,/ 너무, 짧았다"고 인식한다. 그리고 "이제 나는 어떤 꽃을 피워야 할까/ 소멸에 가까운 시간을 살아내면서/ 어른이 된다는 것/ 강하게 살아남아 찬란한 꽃을 피우는 것// 시간이 돌고 돌아/ 이제 내가 엄마의 우주가 되었다"(시 〈어떤 사랑〉에서)라고 인식하기도 한다.

그러나 양희진 시인은 달로 은유된 사랑을 기다린다. 기다림을 멈추지 않는다. 그 시가 〈달이 기다리는 저녁〉이다.

숲으로 들어간 당신이
돌아오지 않은 저녁
기다렸다 구름에 숨어

왜 그랬냐고 묻는 사람에겐 답이 없다
빛을 안다는 건 묻지 않아도 가슴에 무심히 스며드는 것
그냥 알아지는 것
무심히 스치는 계절 같은 것

구름 뒤에 숨은 당신을 기다리는 저녁
호수에 물그림자 길게 드러눕고
사각사각 빛이 차올라 가을 벌레가 우는 저녁
숲으로 들어간 당신이
아주 오랜 옛일이 되는 저녁
오늘도
당신을 기다리는 저녁
　　　　　　　－시 〈달이 기다리는 저녁〉 전문

이 시를 이해하는 관건은 '당신'이라는 키워드다. 1연 "숲으로 들어간 당신이/ 돌아오지 않은 저녁/ 기다렸다 구름에 숨어"라는 구절만 보아도 당신은 '달'이다. 그 달의

존재는 왜 숲으로 들어가, 구름에 숨어 저녁이 되어도 돌아오지 않느냐 물으면 대답 대신 빛으로 자신의 존재를 인식하게 하고 그 빛을 가슴에 스며들게 하는 존재이다. 그리고 대답은 없어도 그냥 알게 하고 무심히 스치는 계절과도 같은 존재이기도 하다. 또한 "호수에 물그림자로 길게 드러눕"는 존재이기도 하다. 그 존재는 이 시의 끝 3행 "아주 오랜 옛일이 되는 저녁/ 오늘도/ 당신을 기다리는 저녁" 행간 속 의미인 '사랑'이 아닐까?

타고르는 사랑을 "영혼의 궁극적인 진리"라고 말한다. H.F. 아미엘은 "사랑 속에는 언제나 환상이 있다. 왜냐하면 거기에는 이상이 있기 때문에" 그러하다고 말한다. 그리고 E. 프롬은 "사랑한다는 것은 생산적인 능동성이다. 그것은 사람·나무·그림·사상 등에 대한 돌봄, 앎, 반응, 긍정, 즐거움 등을 의미한다. 그것은 인간의 생명력을 증대시키고 소생시키는 것을 뜻한다. 그것은 자아를 재생시키고 자기를 증대시키는 하나의 과정"이라고 역저《소유냐 삶이냐》에서 말하고 있다. 이들의 말처럼 양희진의 사랑을 모티프로 하고 있는 시편들은 환상성과 창조성, 생명성을 증대시키고 소생시키는 자아의 확대 과정에서 표출된 시로 볼 수 있다. 그러한 과정이 타자에 대한 연민의 시에서도 나타난다.

2. 타자의 연민과 소통

연민은 타인에 대한 치명적인 감정이다. 시적 화자와 시적 대상이 되는 타자와 정서적으로나 인식적인 면에서 동일시하지 않으면 가능한 정서는 아니다. 시적 대상이 타인일 때나 사물일 때도 마찬가지다. 예컨대 시 〈마음의 청소〉에서의 대상은 중년 여자이다. 그 여인은 동사무소에서 청소를 하는 시인의 아이 친구이다. 그 여인은 "아들 딸 모두 명문대를 나와/ 번듯한 직장도 가졌는데"도 청소를 한다. "이런 일 그만해도 되잖아"라고 무심히 말을 던지면, 그녀는 "나, 살아야지……."라고 대답한다. 청소가 그녀의 삶의 의미라는 말일 것이다. 그것을 시인은 "삶의 지나는 무엇을 청소하는 것일까/ 붉어진 마음 감추며/ 나는 무엇을 청소해야 하는 것인가"를 생각한다. 그리고 작은 깨달음을 얻게 된다. "하찮은 오만함, 편견들이/ 바닥으로 흩어진다"가 그것이며, "청소 빗자루가 그녀에게 손주를 안겨 주듯/ 돌아서는 그녀의 얼굴이/ 밤하늘을 환—하게 밝히는/ 보름달로 떴다"(시 〈마음의 청소〉에서)라고 인식하는 것이 그것이다.

시 〈더 슬프다는 걸〉의 시적 대상은 '울고 있는 아이'다. 그 울고 있는 아이는 시적 화자에게 말을 건다. 자기가 울고 있는 것은 "한참 웃고 있었는데/ 그건 가짜라고// 옛날에 엄마가 깜깜해도 돌아오지 않을 때/ 아이는 무서움보다 기다림이 더 슬프다는 걸 알았다"고 말한다. 아이에게 더 슬픈 것은 무서움이 아니라 기다림이라고. 그 아이의 말에 시적 화자는 "열리지 않는 현관문 앞에서 하염없이 기다려 본 사람은 안다/ 마음에 구멍이 생겨 바람이 제멋대로 분다는 것을// 그때부터였을까/ 누구에게도 열리지 않는 텅 빈 가슴으로// 때론 팔목을 그을 만큼/ 솟구쳐 오르는 붉은 분노로 튄다는 것"이라고 그 시적 대상과 정서적으로 동일시하여 그 의미를 확대시킨다. '튀는 붉은 분노'와도 같은 기다림. 팔목을 그을 만큼 치명적인 기다림. 그 기다림을 아이는 어른이 되어서도 "자꾸 가짜라고/ 울고 있다"(시〈더 슬프다는 걸〉에서)는 것이 세상에서 가장 슬프다고 시인은 노래한다.

비 오는 저녁
우산을 쓰고 장자 못을 걷는다

겨울의 연못은 후두득 빗물을 받고
땅은 포슬포슬 습기에 젖어 말을 건다

아무도 없는 빈 벤치 의자
수풀 속으로 숨은 오리 떼
나는 불러낼 힘이 없다

할머니들은 우산도 없이 손주 얘기를 하고

어리고 약한 것들은 모두 길 위에 없다

이따금 지나가는 집이 없는 바람 소리
땅 위에 물 위에 풀잎에 소곤소곤 내려앉는 빗소리

모자를 쓰니 들리지 않는다
모자를 쓰면 아무것도 들리지 않는다

빗소리를 타고 오는 발자국 소리
저 먼 이국땅에서부터 깜깜해져 오는 빗소리

어느 마음 우물 속에 고이는 빗소리
들리지 않는다
암흑

— 시 〈모자를 쓰면 들리지 않는다〉 전문

〈모자를 쓰면 들리지 않는다〉의 시적 대상은 '빗소리'다. 그러나 이 시의 또 다른 대상은 '모자'이다. 모자는 인간의 위엄과 고귀함을 상징한다. 모자는 의장의 한 도구이지만 권위를 나타내거나 인간의 두뇌를 보호하는 방편으로 사용된다. 이에 따라 모자는 인간의 나약함을 은폐하는 도구이기도 한다. 그 시적 대상을 매개로 빗소리가 의미한 바 '그 무엇'을 차단한다. '그 무엇'이란 자연의 원초적인 소리인 빗소리의 원시성을 의미한다. 시적 화자는 불러낼 힘이 없다. "수풀 속으로 숨은 오리 떼"와의 소통이나 본능적인 할머니의 손주 이야기, 집이 없는 바람 소리와의 소통을 할 수 없게 만드는 것은 모자이다. 그 소리, "저 먼 이국땅에서부터 깜깜해져 오는 빗소리// 어느 마음 우물 속에 고이는 빗소리"는 원시적인 소리이고 인간의 내밀한 내면의 소리이다. 그 소리를 시적 화자는 모자로 인해 들을 수 없다는 것이다. 원시의 소리와의 불통이 인위적이고 권위적인 모자 때문에 생기는 '암흑'임을 환기시켜 주는 시이다.

그래서 시 〈열정〉을 노래하고 있는 것은 아닐까?

더 이상 만나지 말자

철로는 만나서는 안 된다
영원한 평행, 그래야 평화다
같은 곳을 바라보고 달리는 기차는 목적지가 분명하다
언제나 명쾌한 해답, 불안 따윈 없다

때로 흔들릴 때도
때로 가라앉을 때도

때로 어두운 긴 굴을 지나고
때로 아슬한 절벽에 매달려도
우리는 묵묵히 평행, 달려야 한다

때로 상행선과 하행선이 교차되어 만나더라도
　　　심장을 심지 말자

　　　그러다 이 세상 어디쯤 잊혀진 간이역
　　　뜨거운 난로 보리차 한 잔으로 만날 수 있는 날이 있지
않겠는가
　　　이르쿠츠크 세상의 끝에서

　　　　　　　　　　　　　　　－시〈열정〉전문

　시〈열정〉의 시적 대상은 철로처럼 보이지만 그 참 대상은 인간의 마음과 관계이다. 철로는 이 시의 하나의 비유일 뿐이다. 첫 행 "더 이상 만나지 말자"는 청유형 어미는 자기 자신에서 명령하거나 다짐하는 어미이다. 확고한 의지가 내포된 불통의 의미이다. 그것은 어쩌면 아이러니적 표현 구조일 수도 있다.

　양희진은 이 시에서 철로가 만나지 않고 "영원한 평행" 이어야 하는 이유를 "같은 곳을 바라보고 달리는 기차는 목적지가 분명"하기 때문이며 평화를 유지하기 위해서라고 인식한다. 그것은 "언제나 명쾌한 해답, 불안 따윈 없다"는 것이다. "때로 흔들릴 때도/때로 가라앉을 때도// 때로 어두운 긴 굴을 지나고/ 때로 아슬한 절벽에 매달려도" 불변의 진리라고 환기한다. "때로 상행선과 하행선이 교차되어 만나더라도/ 심장을 심지 말자"고 다짐한다. 그것은 아마도 묵묵히 달리

기만 하겠다는 '열정'을 위한 다짐이기도 하다. 그러나 "그러다 이 세상 어디쯤 잊혀 진 간이역"에서 "뜨거운 난로 보리차 한 잔으로 만날 수 있는 날이 있지 않겠는가"라는 생각을 포기하지는 않고 있다.

> 프라하에서는 밤은 없고
> 프라하에서는 사랑도 영원할 것처럼 골몰했지
> 프라하에서는 사랑을 구걸하지 마
>
> 프라하에서는 그저 신파,
>
> 프라하에서는 영혼을 구하고
> 프라하에선 혁명을 말하지 마
> 프라하에서는 모두가 공모자
>
> 프라하에서는 음모가 자라고 형벌은 꿈꾸지 않아
>
> 프라하에서는 거지조차 다정하고
> 구원처럼 다가와도 결국은 피 흘리는
> 혁명
>
> 날쌔게 도망가는 수밖에
> 결국은 처절한 분노

저 구름 속을 유유히 희롱하는 달 속에
비친 반짝이는 날개
영혼을 잠식하는 악마의 거품

그저 애달파 할 수밖에
도망가다 붙잡히는 꿈
소스라쳐 달아나는 청춘

안녕, 프라하

― 시 〈안녕, 구원〉 전문

  프라하를 모티프로 한 시 〈안녕, 구원〉은 낯설다. '안녕, 구원' 때문이다. 문학은 인간의 구원을 위해 바쳐져야 한다. 그 절체절명의 소명을 프라하에서 '안녕'이라 선언한다. 그 이유는 위의 시에서 보듯이 프라하에는 밤도 없고, 사랑도 없고, 영혼도 없고, 혁명도 없기 때문이라는 것이다. "프라하에서는 음모가 자라고 형벌은 꿈꾸지 않아// 프라하에서는 거지조차 다정하고/ 구원처럼 다가와도 결국은 피 흘리는/ 혁명" 때문이라는 것이다. 그곳에는 "날쌔게 도망가는 수밖에/ 결국은 처절한 분노"가 있고, "저 구름 속을 유유히 희롱하는 달 속에/비친 반짝이는 날개/ 영혼을 잠식하는 악마의 거품"과 "그저 애달파 할 수밖에/ 도망가다 붙잡히는 꿈/ 소스라쳐 달아나는 청춘"이 있기 때문이라는 것이다. 그래서 시적 화자는 "안녕, 프라하"라고 절규한다. 나는 절규한다고 말했지만 그것은 오히려 분노일 수도 있고 악마의 속삭임 같은 것일 수도 있다. 그래서 양희진의 이 시는 낯설다. 기행시로서도 낯설고, 구원의 의미도 낯설고, 그 시법의 아이러니라는 표현구조도 낯설면서 '구원'이라는 의미를 새롭게 환기해 준다.

3. 시의 구원은 감성

시는 정서적 감동으로 독자들에게 다가가야 한다. 지적 감동은 다른 영역에서도 해낼 수 있는 일이다. 시는 주제라는 구성요소가 없다. 관념이나 의미를 나타내는 주제를 굳이 시라는 방편으로 전달하지 않아도 좋은 문학이 시이다. 그래서 인간의 원초적인 정서를 끌어내어 인간의 본체를 밝히려고 하는 것이다. 감성만으로 감동을 전언하는 문학 장르가 시이다.

양희진은 감성적인 시인이다. 너무 낯익어 진부하기만 한 시어부터 그리고 감정까지도 과감히 차용하여 새롭게 보여주는 감성의 시인이다.

완전히 어두워지기 전에 하늘은
새까만 밤이 오기 전에 하늘은
푸른빛으로 말을 한다 차도르를 한
이국의 신비로운 여인의 눈동자처럼
하늘 위에 푸른빛으로

그날
새까만 밤이 몰려오기 전
푸른 빛 샤워
쿵하고 떨어지던 별들
그날처럼 달과 별이 나란히
내 울안으로 들어와 소리를 낸다
영 밤이 올 것 같지 않은 푸른빛이었다고

그러나, 모퉁이를 돌아서자
이별이 먼저 와 있었다
- 시 〈초저녁별이〉 전문

이 시 〈초저녁별이〉의 오브제는 하늘과 달과 별이다. 이 세 개의 질료를 통해 '이별'의 의미가 무엇인가를 감성적으로 보여준다. 밤이 오기 전 하늘을 "차도르를 한/ 이국의 신비로운 여인의 눈동자"라는 시각적 이미지로 표현한다. 떨어지는 별을 "푸른 빛 샤워"로 시각적 촉각적 이미지로, 달과 별을 "나란히/ 내 울안으로 들어와 소리를" 내는데, 그 빛깔은

"영 밤이 올 것 같지 않은 푸른빛"이라고 인식한다. 이러한 감각적 인식은 마지막 연 "그러나, 모퉁이를 돌아서자/ 이별이 먼저 와 있었다"라는 이별의 감성을 색채적인 이미지로 보여주기 위한 장치이다. 이별을 '푸른빛'으로 인식한 시를 나는 본 적이 없다. 이 표현이 반어적이든 아니면 이 시의 제목인 '초저녁별이'기 때문이든 그것은 중요하지 않다. 이별을 색채적인 이미지로 표현한 낯설게하기가 주목된다.

"견딜 수 있는 가벼움을 내려놓고 싶었을 때/ 프라하에 갔네"로 시작된 시 〈끝내,〉에서는 "도나우강의 푸른 물결 속에 잠긴 도시는/ 그림같이 남루한데/ 굳게 다문 맹세는, 거기 없었네"라고 푸른 물결을 남루하다고 표현한다. 그리고 후반부에서는 "프라하역에서는 긴 정적을 울리며 기차가 떠나고/ 너는 점점 어두워져서/ 사람들이 빠져나간 텅 빈 광장에/ 서 있었네, 도나우 시커먼 강물 속으로// 끝내, 기차는 떠나고"라고 마무리하면서 도나우강을 검은 색으로 표현한다. 그것은 "죽음 앞에서/ 아무 의미가 없다"라는 도나우 강에 대한 인식을 전언하기 위한 감각적 표현 때문일 것이다.

    한 번도 본 적 없는 푸른색이었다. 거기에 커다랗고 동그란 노랑 바퀴라니 그 색감이 기가 막히게 선명하지 않은가. 그 푸른 바다 위에 노랑 자전거가 물살을 갈랐다. 차마 그 풍경에 섞이지 못한 나. 차마 그 푸른 바다 속으로 들어가지 못했다. 돌아오는 비행기는 시간이 없었고 그날이 마지막 날이었다. 바다는 나에게 알려주지 않았다 중요한 것은 이렇게 나중에 생각나는 거라고 후회로 남을 거라고. 그날 나는 두어 시간 비행기를 타고 날아간 남태평양 푸른 바다에 들어가지 못하고 내내 눈앞에서 그리워만 하다 돌아왔다. 25시였다 늘 이런 식이었다. 우리는 언제나 말을 삼켰고 짠물이 올라 바다에 들어가지 못한 내 혀가 골목을 헤맸다.

- 시 〈바다에 가서 바다를 그리워하다〉 전문

시 〈바다에 가서 바다를 그리워하다〉도 여행의 체험을 바탕으로 한 시이다. 이 시에서도 색채이미지가 돋보인다. '한 번도 본 적 없는 푸른색' '푸른 바다' 그리고 '동그란 노랑 바퀴' '노랑 자전거'가 그것이다. 그리고 마지막 시구인 "우리는 언제나 말을 삼켰고 짠물이 올라 바다에 들어가지 못한 내 혀가 골목을 헤맸다"에서의 짠물이라는 미각이미지가 이 제목의 의미를 이해하는데 도움을 준다. 바다에 가서도 바다를 그리워하는 것은 그 짠물이기 때문이다. 그래서 "내 혀가 골목을 헤맸다"라는 토로가 이를 뒷받침해 준다. "우리는 언제나 말을 삼켰고 짠물이 올라"라는 구절을 볼 때 짠물은 그리움이 대상이 아닐지도 모른다. 짠물은 불통의 표상물이다. 불통의 산물이 그리움이다. 소통은 그리움을 만들지 않는다. 그래서 짠물은 시적 화자에 있어 덫이다. 시 〈덫에〉의 첫 연 "덫이다/ 덫에 걸렸다/ 갑자기 덮쳐 피할 길이 없다"에서처럼 짠물은 그리움의 덫이다.

> 우리의 낮은 없다
> 한 발짝만 디디면 절벽 아래
> 낙하
>
> 한 발짝 나가면 암흑 햇살은 없다
> 매일 이별을 읊조린다
> 햇살 한 줌 움켜쥐지 못했으므로
> 낮을 삼킨다
>
> 오늘도 클로징 자막은 올라오지만
> 영사기 필름은 돌아가고
> 이별을 말하기엔 오월의
> 햇살은 쨍하게 맑다 파고든다
> 너는 여전히 어둠 건너편에서 바라본다
>
> 화면이 꺼지고
> 외로운 사람들은 모두 스크린 뒤에서 운다
> — 시 〈매일 이별〉 전문

위의 시 〈매일 이별〉은 햇살 맑은 5월의 어느 날을 모티프로 한다. 햇살이 쨍한 날에 이별을 말하는 것은 "(네가) 여전히 어둠 건너편에서 바라" 보기 때문이다. 여기에서는 '너는' 특정한 어떤 사람일 수도 있고, 이별이라는 존재일 수도 있다. 그것은 2연의 "한 발짝 나가면 암흑 햇살은 없다/ 매일 이별을 읊조린다"라고 하는 매일 이별의 선험적 의식 때문이다. "외로운 사람"들 때문이기도 하다.

시 〈어느덧〉에서의 "도도한 고양이 발걸음처럼/ 온다 살금살금/ 빠르지도 느리지도 않게 온다/ 소리 나지 않는 연기처럼" 다가오는 가을처럼 다가오는 외로움 때문일 것이다. 양희진 시인이 느끼는 가을에 대한 정서인 "처음엔 하나였다가, 둘이었다가/ 사라진다 알 수 없는/ 압도적인 슬픔" 때문에 매일 이별을 생각하는지 모른다.

그러나 시 〈어느덧〉에서 간과할 수 없는 점은 가을에 대한 감성적 인식이다. 양희진은 이 시에서 가을을 "처음에 올 때의 그 수상함"으로, "낯선 간지러움"으로 "맨 처음 눈독 들일 때의 떨림으로" 인식한다. 그리고 가을은 어느덧 "그렇게/ 온다/ 수상한 슬픔"(시 〈어느덧〉에서)으로 다가온다고 인식한다.

이러한 인식은 이 글의 서두에서 말했던 것처럼 "외로움과 그리움과 노마드적인 자유의지와 죽음에 이르기까지 신선"한 감성 때문이다. 이 점이 그의 작품세계를 좀 더 깊고 넓게

확장시켜 줄 것으로 믿고 정진을 부탁하며 첫 시집 출간을 축하한다.

빛나는 시 100인선 · 071
양희진 시집

접속

초판 인쇄 | 2017년 12월 18일
초판 발행 | 2017년 12월 22일

지은이 | 양 희 진
펴낸이 | 서 정 환
펴낸곳 | 인간과문학사

주 소 | 서울특별시 종로구 삼일대로 32길 36
　　　　305호(익선동, 운현신화타워빌딩)
전 화 | 02)3675-3885, 063)275-4000
등 록 | 제300-2013-10호
e-mail | human3885@naver.com
　　　　inmun2013@hanmail.net

값 9,000원

ISBN 979-11-6084-045-2　04810
ISBN 978-89-969987-4-7　(전 100권)

* 저자와 협의하여 인지는 생략합니다.
* 잘못된 책은 바꿔 드립니다.

이 도서의 국립중앙도서관 출판예정도서목록(CIP)은 서지정보유통지원시스템 홈페이지(http://seoji.nl.go.kr)와 국가자료공동목록시스템(http://www.nl.go.kr/kolisnet)에서 이용하실 수 있습니다.
(CIP제어번호: CIP2017033938)